SCHOLASTIC explora tu mundo™

Los animales polares

**Susan Hayes y
Tory Gordon-Harris**

Libro digital gratis

Lee relatos sobre las increíbles aventuras vividas por los exploradores polares en el libro digital gratis.

famosos
exploradores polares

Libro digital complementario de **Los animales polares**

Descarga gratis el libro digital
Famosos exploradores polares
en el sitio de Internet en inglés:
www.scholastic.com/discovermore
Escribe este código: **RCC6XWGJR24G**

Roald Amundsen
Una carrera al Polo Sur

PÁGINA INICIAL

A los 15 años, el noruego **Roald Amundsen** sabía que sería explorador. A los 21, dejó sus estudios y se fue al mar. En 1897, se unió a una expedición que atravesó navegando el **paso del Noroeste** en el Ártico. ¡Nadie lo había hecho antes! Cuando regresó, empezó a planear su próxima aventura: ¡ser la primera persona en llegar al Polo Norte! Buscó un barco y una tripulación. Pero antes de partir, se enteró de que el explorador estadounidense **Robert Peary** había llegado primero. Entonces Amundsen decidió ser el primero en alcanzar el Polo Sur. Planeó su viaje en secreto. ¡Ni siquiera le contó sus planes a la tripulación! El 9 de agosto de 1910, el barco de Amundsen salió de Noruega. Además de la tripulación, llevaba 97 perros **husky**. Ocho semanas antes, otro explorador, **Robert Scott**, había zarpado de Gales. Scott también quería ser el primero en llegar al Polo Sur. Él y todo el mundo, incluida la tripulación de Amundsen, todavía pensaban que Amundsen se dirigía al Ártico en una expedición científica. Solo Amundsen sabía la verdad, ¡y su hermano León!

> *Mi hermano, en cuyo silencio podía confiar, fue la única persona a la que revelé mis planes.*
>
> —Roald Amundsen

⊕ Ruta al Polo

Roald Amundsen
Nació: 16 de julio de 1872. Murió: 1928
Nacionalidad: noruego

Amundsen aprendió importantes habilidades en sus primeras aventuras. Enfrentó duros inviernos con poca comida.

? Adivinanza

∞ La historia continúa

Conoce al primer explorador en llegar al Polo Sur.

husky

Los huskies son perros grandes, originarios de las partes árticas de Groenlandia, Canadá, Alaska y el norte de Siberia (en Rusia). Los perros de Groenlandia y los huskies siberianos son dos razas, o tipos, de husky. Roald Amundsen llevó perros de Groenlandia en su expedición al Polo Sur para que halaran trineos llenos de equipos y alimentos. Los huskies aún se utilizan para halar trineos y para carreras de trineo en condiciones gélidas.

Los huskies se encuentran entre los tipos de perros más antiguos del mundo. Son perros de manada y les gusta estar con otros perros.

Los **dedos de un husky** están muy juntos y sus patas son duras.

Los **huskies** están acostumbrados a la nieve y al clima gélido. Tienen un pelaje muy grueso, por lo general de color blanco o gris, pero también pueden ser negros e incluso rojos.

Entretenidas actividades y preguntas para demostrar lo que has aprendido.

¿Listo para la helada?

¿Sobrevivirías una expedición polar? Piensa en lo que necesitas para el viaje. Ahora, ¡haz clic en las cosas que no llevarías!

Únete a la búsqueda. ¿Puedes encontrar diez objetos que llevarías a los polos?

¡Oirás una fanfarria si escoges los objetos correctos!

Descargar el libro digital es muy fácil. Visita el sitio web en inglés (a la izquierda), escribe el código y descarga el libro. Ábrelo con el programa Adobe Reader.

Consultora:
Kim Dennis-Bryan, PhD
Consultora educativa:
Barbara Russ,
21st Century Community
Learning Center Director for
Winooski (Vermont) School District

Originally published in English as
Scholastic Discover More™: Polar Animals

ISBN 978-0-545-77033-0

10 9 8 7 6 5 4 3 2 1   15 16 17 18 19

Printed in Singapore   46
First Spanish edition, January, 2015

Scholastic hace esfuerzos constantes por
reducir el impacto ecológico de nuestros
procesos de manufactura. Para ver nuestras
normas para la obtención de papel, visite
www.scholastic.com/paperpolicy.

Contenido

Los confines de la Tierra

El Ártico

Los confines de la Tierra

Bienvenido al techo y al sótano del mundo. El círculo polar ártico rodea el Polo Norte. El círculo polar antártico rodea el Polo Sur. En estas regiones inmensas y salvajes, la tierra y el mar están congelados la mayor parte del año. La nieve brilla, el hielo del mar resplandece y los glaciares se elevan hacia el cielo infinito.

Animales polares

Más del 99 por ciento del hielo de la superficie de la Tierra está en los polos. Los animales polares se protegen del frío con la grasa de sus cuerpos, su pelambre o sus plumas.

foca barbuda

comadreja

caribú

armiño

liebre polar

arao aliblanco

pingüino emperador

cría de foca pía

frailecillo atlántico

zorro polar

albatros viajero

glotón

oso polar

petrel blanco

petrel damero

págalo antártico

cormorán imperial

cachorro de lince de Canadá

pingüino de Adelia

búho nival

lemming del Ártico

pingüino barbijo

polluelo de pingüino rey

buey almizclero

mérgulo atlántico

leopardo marino

cría de buey almizclero

9

La vida en el frío eterno

En el Ártico la temperatura puede bajar hasta –40°F (–40°C) durante el oscuro y tormentoso invierno. En la Antártida, incluso en verano, la temperatura se mantiene cerca de 32°F (0°C). No crecen árboles y hay muy poco que comer. Los animales polares sobreviven en las condiciones más extremas de la Tierra.

¿Cuán frío?

La temperatura más fría se registró en el Polo Sur, en la Antártida: ¡el termómetro bajó a –138,5°F (–94,7°C)!

Buen abrigo

La gruesa pelambre atrapa el calor del cuerpo del cachorro de oso polar.

Para sobrevivir en el frío

Grasa

Los mamíferos marinos tienen una gruesa capa de grasa que los protege del frío.

Zapatos para nieve

Las patas grandes hacen que no se hunda en la nieve. Los dedos peludos lo protegen del frío.

Supersentidos

La vista, el oído y el olfato agudos ayudan a muchos animales polares a cazar sus presas en la nieve.

Aprende más
sobre los pingüinos
en la págs. 54–57.

Muchas plumas

Los pingüinos tienen
muchas plumas
pequeñas que, junto
a su capa de grasa,
los protegen del frío.

*El pingüino tiene
una gruesa capa
de grasa que lo
protege.*

Anticongelante

Algunos peces tienen una
proteína que actúa como
anticongelante y les permite
vivir en las zonas polares.

pingüino
de Adelia

11

Las crías en los polos

¡La vida en el hielo es dura para las crías! Hay mucho frío y no hay donde refugiarse de los depredadores. ¡Y los padres tienen que viajar grandes distancias para buscar comida!

El camuflaje

La pelambre blanca de la cría de foca pía la ayuda a ocultarse de los osos polares. De adulta tendrá la pelambre gris.

Con mamá

El osezno vive con su madre hasta dos años y medio, cuando es capaz de sobrevivir solo.

El mejor abrigo

Miles de crías de pingüino emperador se acurrucan unas contra otras para protegerse del frío.

La protección de la manada

Al lobo polar le gusta devorar los terneros de buey almizclero. Cuando un lobo ataca, los bueyes adultos hacen un círculo alrededor de los terneros para protegerlos.

Esperando la cena

El albatros viaja increíbles distancias —hasta 9.300 millas (15.000 km)— para buscar comida para sus crías.

El polluelo de albatros viajero come del pico de su madre.

Las crías en el hielo

La foca de Weddell nace en el hielo antártico. Engorda rápidamente con la leche de su madre y acumula una gruesa capa de grasa que la protege del frío.

A dormir

Las focas de
Weddell descansan
y duermen sobre
el hielo por horas.
Mientras duermen al sol,
el calor de su cuerpo derrite
el hielo sobre el que
descansan.

15

Los fríos polos

Tanto el Ártico (Polo Norte) como la Antártida (Polo Sur) son muy fríos porque no reciben mucha luz solar. En ambos polos el verano es mucho más soleado que el invierno.

La Tierra viaja alrededor del Sol. Su eje está inclinado. Cuando el Polo Sur está inclinado hacia el Sol, es verano en esa zona, pero es invierno en el Polo Norte.

Polo Norte

eje · · · · · · · ·

Polo Sur

La reflexión

El hielo refleja los rayos del Sol como un espejo. La mayor parte de ese calor regresa al espacio. Esa es otra razón por la que los polos son tan fríos.

Cuando hay luz y es verano en el Polo Sur, es invierno y está oscuro en el Polo Norte, y viceversa.

El Polo Norte y el Polo Sur pasan seis meses, o sea, la

charrán ártico

El Polo Norte está en el Ártico.

El Ártico

La mayor parte del Ártico es un mar congelado sin tierra firme debajo. Pero en invierno la nieve y el hielo del Ártico llegan a tres continentes: América del Norte, Europa y Asia.

Círculo polar ártico

Asia

oso polar

Europa

América del Norte

zorro polar

Los osos polares viven en la nieve y los hielos del Ártico.

La Antártida

La Antártida es un continente, es decir, una gran masa de tierra, y está rodeada por el océano Antártico. Está cubierta por una gruesa capa de hielo.

charrán ártico

África

América del Sur

Círculo polar antártico

El Polo Sur está en la Antártida.

pingüinos papúa

pingüino barbijo

océano Antártico

Australia

Los pingüinos viven en la Antártida. ¡Los osos polares y los pingüinos nunca se encuentran!

mitad del año, en la oscuridad.

Las estaciones en el Ártico

En invierno, el Ártico queda a oscuras y cubierto de nieve. Muchos animales se van. En la primavera, el sol derrite buena parte del hielo. Los animales regresan a la tundra, donde entonces abunda la comida.

PRIMAVERA
marzo–mayo

gaviota hiperbórea

El Sol se asoma en el horizonte y comienza el deshielo. Los cachorros de oso polar salen de las madrigueras y nacen las crías de focas.

cachorro de oso polar

VERANO
junio–agosto

El Sol nunca se pone. Las crías nacen y hay comida abundante para los animales.

polluelo de gaviota hiperbórea

cachorro de zorro polar

Festín de verano

En verano, en los lugares de la tundra del Ártico donde se ha derretido el hielo, hay mucha comida. Allí no crecen árboles, pero hay hierbas y flores. Los animales pueden comer día y noche.

Al Ártico lo llaman la tierra del sol de medianoche porque

El deshielo

En el verano, el sol derrite el hielo del mar. Se rompe en grandes pedazos que quedan a la deriva y que se derriten en el océano Ártico.

verano   invierno

Verano e invierno

Cuando termina el verano, se ha derretido una extensión de hielo del tamaño de Australia.

OTOÑO
septiembre–octubre

Los días se hacen más cortos. Muchos animales se van a zonas más cálidas.

yubarta

INVIERNO
noviembre–febrero

Unos pocos animales se quedan a pasar el invierno frío y sin sol.

foca barbuda

El duro invierno

Solo los animales más resistentes pueden sobrevivir el invierno del Ártico. El buey almizclero hurga en la nieve con sus duras pezuñas en busca de musgo, líquenes y raíces para comer.

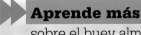

Aprende más

sobre el buey almizclero en las págs. 46–47.

buey almizclero

en el verano el sol nunca se oculta totalmente.

Las estaciones en la Antártida

Cuando es verano en el Ártico, es invierno en la Antártida. El invierno es aún más frío en el Polo Sur. Pero cuando llega la primavera, el océano congelado que rodea la Antártida se derrite casi completamente.

pingüino de Adelia ······

PRIMAVERA
septiembre–noviembre

Los días se hacen más largos y comienza el gran deshielo. Llegan animales a anidar y a aparearse.

······ pingüinos de Adelia

VERANO
diciembre–febrero

El sol nunca se pone. Nacen las crías. Abunda la comida.

cría de foca de Weddell ·····

El océano del festín

Cuando el hielo se derrite en primavera, llegan miles de ballenas. Algunas se comen 4,4 toneladas de krill al día.

Se calcula que hay entre 100 y 500 millones de toneladas de krill en el océano Antártico.

El peso de todo el krill del océano Antártico es igual al de

Visitantes de verano

Los pingüinos de Adelia pasan el invierno en el mar. En la primavera regresan a la Antártida para aparearse.

verano

invierno

Verano e invierno

En verano, la Antártida mide casi una vez y media el área de Estados Unidos. En invierno, su área se duplica.

OTOÑO
marzo–mayo

Los días se hacen más cortos. Casi todos los animales se van. El albatros viajero se queda para cuidar de su polluelo.

INVIERNO
junio–agosto

El invierno en la Antártida es brutal. El pingüino emperador macho es el único animal de sangre caliente que pasa allí el invierno.

Residentes del duro invierno

Los emperadores machos se protegen del frío de la Antártida acurrucándose unos contra otros.

Aprende más sobre los emperadores en las págs. 54–57.

todas las personas de la Tierra.

Salón de la Fama

En los lugares de clima extremo, hay animales únicos. Aquí tienes algunos ejemplos. ¡Muchos son campeones mundiales!

EL DIENTE POLAR MÁS LARGO

El colmillo del narval puede crecer hasta alcanzar 9 pies (2,7 m) de largo, del alto de un edificio de una planta.

LA MÁS LARGA MIGRACIÓN DE MAMÍFEROS

La yubarta viaja más lejos que ningún otro mamífero: 10.200 millas (16.400 km) cada año.

LA CRÍA DE AVE MARINA MÁS PESADA

Un polluelo de albatros viajero puede pesar 22 lb. (10 kg), ¡lo mismo que un cisne adulto!

LA FOCA MÁS PESADA

El elefante marino del sur, que vive en la Antártida, puede pesar hasta 8.800 lb. (4.000 kg).

LA ORUGA QUE MÁS VIVE

La oruga de la Gynaephora groenlandica vive siete años como oruga antes de convertirse en polilla.

EL DEPREDADOR TERRESTRE MÁS GRANDE DEL MUNDO

El oso polar más pesado que se ha registrado pesaba 2.210 lb. (1.000 kg). Los osos polares son fuertes y peligrosos, incluso para las personas.

LA MÁS LARGA MIGRACIÓN DE AVES

El charrán ártico viaja 50.000 millas (80.000 km) cada año en su viaje de ida y vuelta entre el Ártico y la Antártida.

EL AVE MÁS VELOZ DEL MUNDO

El halcón peregrino se lanza en picada a 200 mph (320 kph).

EL ANIMAL VIVIENTE MÁS GRANDE DEL MUNDO

La ballena azul es el animal que más pesa en el mundo. El ejemplar más pesado que se ha registrado pesaba 190 toneladas.

EL ANIMAL TERRESTRE MÁS GRANDE DE LA ANTÁRTIDA

El animal terrestre más grande que vive allí todo el año es el jején de la Antártida.

El Ártico

La palabra *Ártico* proviene de una palabra del griego antiguo que significa "oso". El oso polar, un feroz depredador, vive en este océano helado.

El oso en el hielo

El oso polar de 1.600 libras (725 kg) se pasea sobre el hielo. Busca focas, su comida preferida. Ante sus dientes, afilados como puñales, la foca no puede hacer nada.

La grasa

A los osos polares les gusta comer la grasa de las focas. Así acumulan grasa que les permite sobrevivir cuando no hay comida.

La caza de la foca

Un agudo olfato

El oso polar puede oler una presa a 20 millas (32 km) de distancia, y a 3 pies (1 m) bajo la nieve.

Vigila y espera

El oso espera junto al respiradero. A veces pasa días esperando a que salga una foca.

El final

Cuando la foca sale finalmente, el oso se lanza sobre ella y la atrapa.

¡Los osos polares más grandes pueden comer hasta 150 libras

Cuando el hielo del mar se derrite en verano, a los osos polares se les hace más difícil cazar. Se comen todo lo que encuentran. ¡A veces atacan incluso a las morsas de afilados colmillos!

CAFÉ ICEBERG

PESCA DEL DÍA

narval

cría de foca pía

huevos de charrán

kelp

morsa

foca anillada

basura

foca pía...

Cómo escapar

La foca mantiene de 10 a 15 respiraderos abiertos. Cada 20 minutos sale a respirar. El oso solo puede estar junto a uno de ellos, por eso la foca muchas veces logra escapar.

(68 kg) de grasa en una sola comida!

Las crías

Durante el invierno ártico, la osa polar puede parir de uno a tres oseznos. Los alimenta y los cuida en una madriguera bajo la nieve hasta la primavera.

Bajo la nieve

En el otoño, la osa preñada cava un túnel en la nieve como madriguera para ella y sus oseznos.

Bajo la pelambre blanca, la piel del oso polar es negra.

Estoy creciendo El primer año del osezno

1 Recién nacido

Los osos polares nacen con una pelambre muy fina y sin dientes. Y no ven. Los oseznos beben la leche de la madre y crecen rápidamente.

2 Primera salida

En primavera, la madre destapa la madriguera para salir. Los oseznos la siguen. Nunca habían salido al aire libre.

3 Buscar comida

La madre caza para darles de comer. ¡Devora cualquier cosa que encuentre! A veces lleva a sus cachorros sobre el lomo cuando está en el agua o camina en la nieve profunda.

4 Aprender a cazar

Los oseznos viven con su madre hasta que aprenden a cazar para alimentarse sin su ayuda.

Ese color le permite atrapar mejor el calor del sol.

El oso en el mar

Los osos polares son excelentes nadadores. Pueden nadar varios días sin parar. Se han visto osos nadando a 60 millas (100 km) de la costa. Usan sus grandes patas delanteras como remos para avanzar en el agua. Las patas traseras les sirven como timón para fijar la dirección.

A secarse

Después de nadar, los osos polares se sacuden el agua de la pelambre y luego se restriegan en la nieve para secarse.

Focas y morsas

Las focas y las morsas tienen gruesas capas de grasa que las protegen de las heladas aguas del Ártico. Son lentas en tierra pero veloces nadadoras en el mar.

Focas

foca barbuda

En el hielo

Las crías de foca nacen en el hielo. Comen y duermen en el hielo durante sus primeras semanas de vida. Las crías de foca pía nacen con la pelambre amarilla. A los tres días se torna blanca.

Cuando a esta cría de foca pía se le caiga la pelambre con que nace, debajo tendrá una piel manchada e impermeable.

Los cuidados de la madre

Al nacer, la cría se alimenta de la leche de la madre. La madre la reconoce entre cientos de otras crías por su olor.

Completamente sola

A los 12 días de nacida, la cría de foca tiene suficiente grasa para sobrevivir por sí misma. Su madre se va. A las 4 semanas, la cría puede nadar y pescar sola.

En el Ártico viven seis tipos de focas.

foca anillada

foca manchada

foca capuchina

foca listada

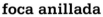
foca pía

Pescar la cena

Las focas adultas son buzos excelentes. Algunas llegan a 1.300 pies (400 m) de profundidad. Sus ojos grandes, bigotes sensibles y su buen oído las ayudan a encontrar sus presas en las aguas oscuras.

Las morsas usan sus bigotes para detectar moluscos en el fondo marino.

Las focas del Ártico comen moluscos y peces pequeños.

almejas

La poderosa morsa

La gran morsa sale del agua con ayuda de sus colmillos. Puede pesar hasta 1,6 toneladas. Le es difícil moverse en la tierra, pero en el agua puede nadar más de 100 millas (160 km) sin parar.

La playa de las morsas

En el agua, la piel de la morsa es blanca. Bajo el sol, la

¡Que reunión!

Las morsas pasan dos tercios de su vida en el mar. Durante unas semanas cada año se reúnen en grandes cantidades en las playas. A veces se reúnen hasta 14.000 morsas en una sola playa.

sangre fluye hacia la piel y la morsa cambia de color.

Las ballenas blancas

Los narvales y las belugas pertenecen a la familia de las ballenas blancas. Su color les sirve de camuflaje en el hielo del Ártico para ocultarse de los osos polares y de las orcas. Bajo el hielo, estas ballenas atrapan peces y calamares con ayuda de la ecolocación.

El narval El unicornio del norte

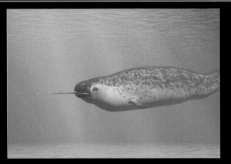 

Los colmillos

No se sabe por qué el narval tiene un colmillo. Algunos machos tienen dos, ¡y pueden medir hasta 9 pies (2,7 m) de largo!

Grupos de amigos

Los narvales se reúnen en grandes grupos. Los científicos creen que podrían comunicarse por ecolocación.

El colmillo del narval es un diente hueco que sigue creciendo durante toda la vida de este animal.

A las belugas las llaman también "canarios marinos" po

Un hueco en el hielo

En invierno, la beluga debe mantener abierto un agujero en el hielo para salir a respirar.

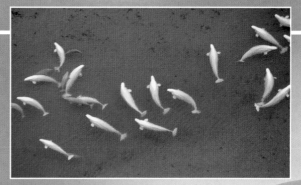

Migración de verano

En verano miles de belugas migran a aguas más cálidas y menos profundas en el sur.

Ecolocación

La beluga emite sonidos muy agudos. Cuando el sonido choca con un pez, rebota como eco. La beluga recibe el eco y así sabe dónde está su presa.

El fantasma del Ártico

El búho nival es silencioso como un fantasma. Se acerca planeando a atrapar sus presas. Caza de día para alimentarse él y dar de comer a sus polluelos.

Un gran cazador

El búho nival es una ave de presa grande: mide hasta 28 pulg. (71 cm) de alto. Tiene vista y oído muy agudos. Atrapa a sus presas con el pico y las garras.

La cena perfecta

El lemming, que es del tamaño de un ratón, es la comida preferida del búho nival.

El búho nival se puede comer de 3 a 5 lemmings al día:

Polluelos Las crías de búho nival.

1 Los huevos

La hembra de búho nival hace el nido en el suelo. Pone de 3 a 11 huevos. Los polluelos nacen entre 4 y 5 semanas después.

El plumón de la cría se pone de color marrón. Al crecer, ese plumón es reemplazado por plumas de color claro.

2 Las crías

Al nacer, los polluelos están cubiertos de un fino plumón blanco. Pían y chillan mientras sus padres cazan en silencio para traerles alimento al nido.

3 Las crías crecen

Los polluelos crecen muy rápido hasta tener el tamaño de una pelota de fútbol. Sus padres los alimentan hasta que aprenden a cazar por sí mismos y se van.

¡unos 1.825 cada año!

La liebre polar

Un lobo anda merodeando por los alrededores y la liebre polar debe esconderse. Su pelambre le sirve de camuflaje lo mismo en verano que en invierno.

Abrigo de verano

En el verano, la liebre se confunde con las rocas y la hierba de la tundra gracias a su pelambre corta y de color gris marrón.

La liebre polar tiene pestañas negras que protegen sus ojos

Abrigo de invierno

En invierno, la espesa
pelambre blanca de la liebre
le sirve de camuflaje para
ocultarse en la nieve y la
protege del frío.

del resplandor del sol como unos lentes de sol.

Seguir al Sol

El Ártico recibe muchos visitantes en verano. Muchos animales migran, o viajan, hacia allí, pues hay comida abundante en el mar y la tundra.

Tras el Sol

El charrán ártico vuela del Ártico a la Antártida y de regreso al Ártico cada año. Viaja todo el año en busca del calor y la luz solar del verano.

El charrán ártico usualmente come sin dejar de volar.

Para anidar

Imagínate 5 millones de gansos blancos volando. Los gansos blancos viajan en grandes bandadas de México al Ártico para aparearse en primavera.

Su grueso plumón protege a los gansos del frío al volar.

Almuerzo lejano

En el verano, en las aguas del Ártico hay muchos animales. Para las ballenas grises y las yubartas del norte, esos mares son un festín. Van allí cada año en busca de comida.

La ballena gris se pasa el verano comiendo pequeños animales marinos.

El charrán ártico disfruta dos veranos cada año, y más luz

El charrán ártico viaja

1,25 millones de millas

(2 millones de km) durante su vida
(¡es como hacer el **viaje de ida y vuelta a la Luna** tres veces!)

.... **Ártico**

El charrán vuela 25.000 millas (40.000 km) en cada viaje.

.... **Antártida**

Los polluelos crecen en la tundra ártica.

¡Cuidado, gansos! El zorro polar anda buscando una sabrosa comida.

▶▶ **Aprende más**
sobre las yubartas en las págs. 59–61.

Cuando se acerca el fin del verano, las yubartas del norte regresan a las aguas más cálidas del sur. El viaje dura entre dos y tres meses.

solar que ningún otro animal del planeta.

Visitantes del Ártico

En verano millones de aves vuelan a la tundra. Los gansos blancos llegan de la costa este de Estados Unidos; los págalos vienen de Australia. El veloz halcón peregrino vuela desde América Central.

golondrina de los acantilados

tarabilla

zorzalito de Swainson

grulla canadiense

págalo pomarino

gaviota de Bering

tarabilla norteña

bisbita norteamericano

ánsar careto

págalo parásito

charrán ártico

correlimos semipalmeado

chorlito dorado común

vuelvepiedras común

ganso blanco

colimbo chico

falaropo picofino

colimbo ártico

halcón peregrino

págalo rabero

cisnes chicos

págalo rabero

ratonero calzado

gorrión corona blanca

pinzón real

collalba gris

alondra cornuda

escribano lapón

pechiazul

pardillo sizerín

chorlito semipalmado

chimbito arbóreo

pigargo europeo

playero de Baird

bisbita común

ánade rabudo

correlimos tridáctilo

playero manchado

correlimos batitú

gorrión rascador

serreta mediana de pico rojo

pato cola larga

porrón bastardo

pato serrano

45

Una pelea a muerte

Un buey almizclero macho pesa casi diez veces más que un lobo polar. Pero cuando la comida escasea, la manada de lobos se atreve a atacarlo.

Su pelambre de dos capas protege al lobo del frío.

LOBO POLAR

DIETA
buey almizclero, caribú, liebres, lagópodos

ALTURA PROMEDIO
3 pies (0,9 m)

PESO
55–88 libras (25–40 kg)

VELOCIDAD
Hasta 35 mph (56 kph)

GRUPOS
Manadas de 2 a 20 lobos

CARACTERÍSTICAS
Oído y olfato muy agudos para detectar a sus presas. Mandíbulas fuertes y afilados dientes para desgarrar la carne.

La caza

1 La persecusión
La manada de lobos sigue a los bueyes por el olfato. Cuando los alcanzan, tratan de separar a un buey joven o débil del resto.

Los lobos tienen un oído increíble, y pueden rastrear

ALMIZCLERO

DIETA
musgo, líquenes, raíces

ALTURA PROMEDIO
4–5 pies (1,2–1,5 m)

PESO
440–900 libras
(200–410 kg)

VELOCIDAD
Hasta 37 mph (60 kph)

GRUPOS
Manadas: 5 a 12 en verano,
12 a 30 en invierno

CARACTERÍSTICAS
Usa los cuernos como
arma. La base de los
cuernos le protege la
frente. A veces ataca
a sus depredadores.

*La base de los
cuernos le sirve
de protección.*

2 El ataque

Los bueyes forman un círculo
alrededor de sus terneros. Los
lobos los acosan hasta aislar a
uno y luego lo atacan.

*Su abundante
pelambre lo
protege del frío.*

*Tiene patas cortas
y muy fuertes.*

sonidos hasta a 10 millas (16 km) de distancia.

El viaje del caribú

Cada año, miles de caribús viajan más de 3.100 millas (5.000 km) a través de la tundra ártica.

Primavera

En marzo las hembras se van de las áreas de pasto de invierno. Los machos las siguen unas semanas después. Grandes manadas avanzan sobre la nieve y el hielo por más de diez semanas.

águila real

Inicio del verano

Las crías nacen en junio. Son presa fácil para los hambrientos lobos y las águilas, por lo que deben estar cerca de la manada.

lobo polar

Mediados del verano

Tras unas semanas, es hora de partir otra vez. El caribú atraviesa grandes llanuras y ríos para ir a sus áreas de pasto de verano.

primavera

inicio del verano

mediados del verano

A pocas horas de nacer, la cría de caribú se para

invierno

otoño

fines del verano

y camina.

Invierno

Cuando caen las primeras nieves, el caribú se va al sur a zonas más cálidas. Durante el viaje su pelambre se hace más espesa y gris. Esa es su mejor protección contra el frío.

Otoño

El caribú engorda antes del invierno comiendo moras, hongos, líquenes y hierba. Se le cae el terciopelo que cubre sus cuernos.

Fines del verano

En verano abunda la comida, pero también hay mosquitos y moscas negras. El caribú pasta en colinas donde sopla el viento para evitar el ataque de esos insectos.

...·**mosquitos**

49

Vivir en armonía

Durante miles de años, los inuit han vivido en el círculo polar ártico. En esas duras condiciones, dependen de los animales para vivir.

El pueblo del caribú

Algunas tribus inuit crían rebaños de caribús. No viven siempre en el mismo lugar, sino que siguen a la manada de caribús en sus migraciones (lee las páginas 48–49).

La vida del pastor

caribú

La piel de caribú

Los pastores usan la piel de caribú para hacer tiendas, utensilios y ropa. También comen carne de caribú.

Los perros huskies

Los pastores viajan sobre la nieve en trineos tirados por perros. El husky es un perro fuerte, inteligente y resistente.

Algunos habitantes del Ártico solían dormir con sus huskies

Cazadores de la costa

Algunos grupos indígenas inuit viven en aldeas cerca del océano Ártico. Dependen de animales como las focas, los peces y las ballenas para obtener alimentos, fabricar utensilios y protegerse del frío. En la cultura inuit se respeta a los animales: la gente solo caza los que realmente necesita para sobrevivir.

La vida del cazador

cría de
foca pía

En kayak

Los cazadores navegan en pequeños kayaks que por miles de años han hecho con piel de foca y madera.

La pesca en el hielo

Los cazadores hacen huecos en el hielo hasta llegar al agua y luego atrapan los peces con lanzas.

para calentarse. Los perros les servían de colchas.

La **Antártida**

El agua helada de la Antártida cubre el extremo inferior de nuestro planeta. En verano, en sus mares abunda la comida para focas, pingüinos e inmensas ballenas como esta yubarta.

La marcha de los pingüinos

Poco antes del invierno, los pingüinos emperador caminan unas 70 millas (110 km) por la nieve, día y noche, sin parar, para ir a las áreas de cría.

Un viaje increíble

Al final del viaje los pingüinos encuentran a sus parejas. Cada pareja produce un huevo.

Solo uno   La hembra pone el huevo

1 El huevo

Al inicio del invierno antártico, la hembra pone un solo huevo que tiene forma de pera.

2 El cuidado

Le pasa el huevo con cuidado al padre para que lo tenga en sus patas. El huevo no debe caer al hielo, pues se congelaría.

Los emperadores son los únicos pingüinos

Aprende más

sobre el pingüino emperador en la siguiente página.

Al deslizarse sobre la nieve, el pingüino da un descanso a sus patas.

El cortejo

El macho emite chillidos y hace reverencias a la hembra para impresionarla.

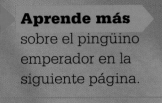

y luego regresa al mar.

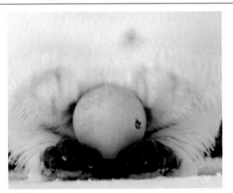

3 En sus patas

El padre sostiene el huevo en sus patas y lo cubre con su bolsa de anidamiento (un pliegue de la piel).

Entre todos

El padre se encarga de dar calor al huevo durante el duro invierno. Cientos de pingüinos se acurrucan para protegerse entre todos del frío.

que pasan el invierno en la Antártida.

Estoy creciendo

La cría del pingüino emperador nace al final del invierno antártico. El padre ha cuidado el huevo por más de dos meses sin comer nada. Y ahora debe cuidar del polluelo hasta que la madre regrese.

Un suave plumón

El polluelo está cubierto de un lanudo plumón. Cuando crezca hará la muda y tendrá plumas brillantes e impermeables.

AGOSTO

El polluelo

El polluelo se mete entre las patas de su padre para calentarse.

Buscar al polluelo

El pingüino emperador reconoce los chillidos de su polluelo en medio de las demás crías.

SEPTIEMBRE-OCTUBRE

La madre

Tras dos meses en el mar, la madre vuelve con pescado y calamares.

OCTUBRE-NOVIEMBRE

La cría

Cuando la cría ya se puede quedar con los demás polluelos, sus padres salen juntos a pescar.

DICIEMBRE

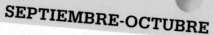

La muda

Después de mudar las plumas, el polluelo va al mar y empieza a pescar.

Los gigantes del mar

Las ballenas son increíblemente grandes y muy inteligentes. Emiten sonidos, o "cantos de ballena", para comunicarse entre ellas a millas de distancia.

En las profundidades

La ballena aguanta la respiración al zambullirse en el mar. ¡El cachalote llega a profundidades de más de 3.300 pies (1.000 m)!

ballena franca austral

El canto de la ballena azul se oye a cien millas de distancia.

Krill   Las ballenas van a la Antártida en busca de krill.

Una ballena puede tener hasta media tonelada de percebes en la piel.

barba de ballena ···

Festín de krill

Cuando la primavera llega a la Antártida, también llegan miles de ballenas. Muchas van a comer krill, que abunda en el océano Antártico.

Redes de burbujas

Las yubartas se ayudan para atrapar el krill. Hacen círculos de burbujas en la superficie y cercan el krill como una red de pescar.

Un gran colador

Las ballenas que comen krill tienen unas láminas, o barbas, en la boca que forman una especie de colador para atrapar el krill.

La ballena azul es el animal viviente más grande del mundo.

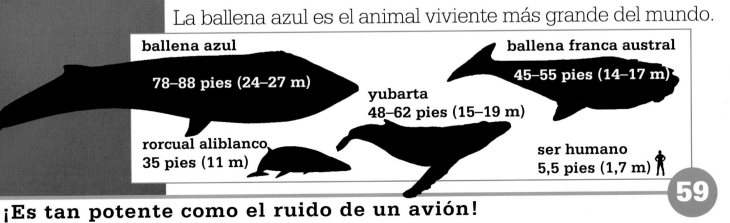

ballena azul
78–88 pies (24–27 m)

ballena franca austral
45–55 pies (14–17 m)

yubarta
48–62 pies (15–19 m)

rorcual aliblanco
35 pies (11 m)

ser humano
5,5 pies (1,7 m)

¡Es tan potente como el ruido de un avión!

Acrobacias en el agua

La gran yubarta puede saltar sobre la superficie del agua e incluso voltearse en el aire. Cuando cae al agua, el ruido que hace se escucha hasta a 0,6 millas (1 km) de distancia. Muchas ballenas dan esos saltos, pero nadie sabe en realidad por qué lo hacen.

¿Por qué saltan las ballenas?

Algunos científicos creen que lo hacen para sacarse de la piel los molestos percebes y piojos de ballena. Otros creen que es para comunicarse con otras ballenas. ¡O quizás lo hacen solo para divertirse!

Las orcas

Las orcas son mamíferos marinos inmensos y feroces. Las llaman "ballenas asesinas", pero en realidad son delfines. Las orcas se unen en manadas para cazar.

Saltos

Las orcas saltan sobre la superficie del agua a muchos pies de altura. Quizás lo hacen para quitarse la piel reseca o los parásitos.

Las aletas pectorales les sirven de remo. Las usan para fijar la dirección o detenerse.

Dientes de cazador

La orca tiene entre 40 y 50 afilados dientes para desgarrar la comida. La orca no mastica: se puede tragar una foca o un león marino pequeño enteros.

La aleta dorsal les permite mantener su posición sin voltearse.

▶▶ **Aprende más** sobre las orcas en la siguiente página.

Crías de orca

La orca usualmente tiene una cría cada tres, cuatro o cinco años. La cría se queda con la madre hasta que aprende a vivir sin su ayuda.

Salir a espiar

La orca saca la cabeza del agua por varios minutos impulsándose con su cola para mirar a su alrededor. ¡Parece una persona bañándose en la playa!

La orca cazadora

Las orcas cazan en grupos. Se unen para rodear a una foca sobre un pedazo de hielo a la deriva o para perseguir a una ballena. Es difícil escapar a una manada de orcas.

La cena de la orca

Una foca de Weddell no puede hacer nada frente a una orca de cinco toneladas bajo las olas.

Supermanada

Una manada puede tener hasta 150 orcas. Los miembros de la manada "hablan" entre sí con chillidos y otros sonidos.

Un golpe de cola

Al golpear violentamente la superficie del agua con su cola, la orca deja aturdidos a cientos de peces a la vez.

Cadena alimentaria

Orca

La orca es un superdepredador, o sea, no tiene depredadores.

Foca

Las orcas y los tiburones comen focas. Estas comen peces y calamares.

Calamar

El calamar atrapa con sus tentáculos peces pequeños y krill para comer.

Krill

En la base de la cadena alimentaria está el krill, que come plantas.

Las orcas son superdepredadores del mar.

La aleta de cada orca es única, como las huellas digitales de una persona.

La caza de la ballena

El rorcual aliblanco es más veloz que la orca, pero no puede escapar de una manada de orcas. Estas lo persiguen, muerden y acosan hasta que lo matan y se lo comen.

rorcual aliblanco

El único enemigo de la orca es el ser humano, que la caza.

Ballenas y delfines

Estos grandes mamíferos tienen que salir a la superficie del mar para respirar. ¡Por eso no pueden dormir! El delfín y la ballena tienen siempre la mitad del cerebro despierto.

ballena azul

ballena franca austral

orcas (ballenas asesinas)

ballena de Groenlandia

belugas

yubartas

rorcual austral

zifio calderón austral

rorcual común

narvales

delfín cruzado

cachalotes

En las profundidades

En las profundidades de los océanos polares se hallan los animales más extraños. La temperatura es muy fría y casi no hay depredadores. Los animales crecen lentamente pero viven mucho tiempo, por lo que llegan a ser inmensos.

OCÉANO ÁRTICO

Profundidad promedio: 3.950 pies (1.205 m)
Máxima profundidad: 18.265 pies (5.567 m)

La estrella de mar del Ártico se arrastra por el fondo del océano. Si pierde un brazo, ¡le crece uno nuevo!

Los isópodos son parientes de las cochinillas que puedes hallar en el patio de tu casa. En lo profundo del océano Ártico, pueden llegar a medir hasta 30 pulgadas (76 cm) de largo.

Los pepinos de mar se desplazan por el fondo marino recolectando comida con los pegajosos tentáculos de su boca.

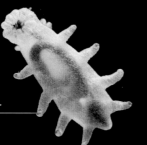

El gusano Nereis succinea vive en madrigueras y se alimenta de pequeños animales marinos.

¡En el océano Antártico hay esponjas que tienen más de

foca cangrejera

OCÉANO ANTÁRTICO

Profundidad promedio: 10.730 pies (3.270 m)

Máxima profundidad: 23.210 pies (7.075 m)

La sangre de los blénidos antárticos es transparente y actúa como anticongelante. Eso les permite vivir en las frías aguas a 2.530 pies (770 m) de profundidad.

Los brazos de la estrella de cesto envuelven a su presa. Sus diminutos ganchos le impiden escapar.

Los peces de la familia Artedidraconidae usan su barba para buscar comida.

barba

1.000 años!

En peligro

Los animales polares están en peligro. En la mayoría de los casos los causantes son los seres humanos, a veces desde muy lejos.

Calentamiento global

Los gases que emiten los autos y la quema de petróleo para producir electricidad produce un gas llamado dióxido de carbono (CO_2). El exceso de CO_2 puede estar causando el recalentamiento del planeta. Y esto hace que se forme menos hielo cada año en los polos.

Estas actividades

Derrame de petróleo

Los tanqueros que llevan petróleo a veces lo derraman y matan miles de animales.

Si no hay hielo marino, los osos no pueden cazar las focas que necesitan comer y podrían pasar hambre.

Aprende más ◄◄
sobre los osos polares en las págs. 26–31.

oso marino

El krill vive en el hielo marino. Si hay menos hielo, habrá menos krill. Muchos animales, como los osos marinos, comen krill. Podrían estar en peligro si les falta comida.

! CUIDADO

de los seres humanos perjudican a los animales polares:

Basura

La basura que se bota en las playas puede llegar a los polos y causar daños a los animales polares.

Contaminación

El humo de las fábricas sube por el aire. El viento lo puede llevar a los polos, donde contamina el ambiente.

Pesca con palangre

Las aves marinas quedan atrapadas en las redes de pesca cuando se lanzan al mar en busca de peces.

A veces los barcos chocan con las ballenas. También el ruido de sus motores impide a las ballenas comunicarse.

ballena franca austral

El albatros confunde la basura flotante con comida y se la da a sus polluelos, que se asfixian al comerla y mueren.

¿Qué puedes hacer tú?

Todos podemos ayudar a salvar a los animales y las plantas de los polos. Si todos hacemos algo, podremos lograr grandes cosas.

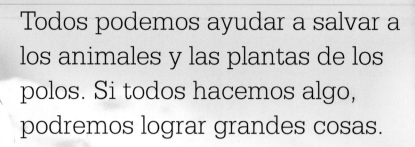

.... pingüinos papúa

Así puedes ayudar a los animales polares:

¡Apaga la luz!

Piensa en maneras de ahorrar energía. Si ahorras energía, producirás menos CO_2.

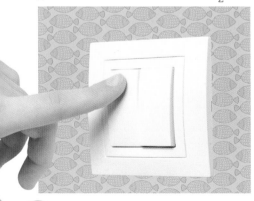

No eches basura

Disfruta de la playa, pero recuerda recoger toda la basura antes de regresar a casa.

Lee las etiquetas

Si tu familia compra pescado, comprueba que fue pescado con sedal y anzuelo, no con palangre.

cría de foca
de Weddell

Busca información

Cuanto más investigues sobre los polos, más sabrás sobre cómo ayudar a cuidarlos.

¡Corre la voz!

Háblales a tus familiares y amigos sobre los fabulosos animales de los polos. Explícales lo que haces tú para ayudarlos, ¡y ellos ayudarán también!

Entrevista con un experto

Nombre: Jaume Forcada
Profesión: Experto en mamíferos marinos de la British Antarctic Survey

 ¿A qué te dedicas?
Estudio los animales marinos de la Antártida, sobre todo las focas, las ballenas, los pingüinos y los albatros. En este momento estudio los osos marinos.

 ¿Por qué te interesan los animales de la Antártida?
Es un lugar que casi no ha sido explorado. Quiero saber cómo viven los animales allí. También quiero saber si el calentamiento global los está afectando.

 ¿Con qué frecuencia vas a la Antártida?
Voy cada verano, que en la Antártida es de diciembre a febrero. En esa época nacen las crías de osos marinos.

 ¿Cómo llegas allá?
Vuelo de Gran Bretaña a las Islas Malvinas, cerca del extremo de América del Sur. Luego me toma 15 días llegar a la isla Bird, cerca de la Antártida, en el barco *James Clark Ross*.

cría de oso marino

en la Antártida

 ¿Acampas en el hielo?

 No. Me quedo en la estación científica y vivo con otros nueve científicos. La estación es cómoda y cálida. Trabajo en uno de los laboratorios que hay allí.

oso marino ·····

 ¿Qué estás estudiando sobre los osos marinos?

 Estudio su población. Trato de averiguar si hay más este año que el año pasado o que otros años, o si la población se mantiene igual.

 ¿Dónde nacen las crías de oso marino?

 Nacen en la isla Bird cada verano. Cuento las crías que hay en una playa que uso como zona de estudio. Esa playa es más o menos del tamaño de una cancha de tenis.

 ¿Cómo cuentas los adultos y las crías?

 A los adultos los marcamos con pintura para no contarlos más de una vez. A las crías les ponemos una chapa de identificación como las que se les ponen a los perros.

 ¿Qué has descubierto?

 Hoy en día nace un tercio menos de osos marinos que hace treinta años. Pensamos que la causa es el calentamiento global. Si hay menos hielo marino, hay menos krill, y eso es lo que comen los osos marinos.

Glosario

aerodinámico
Con una forma que permite deslizarse bien en el agua o el aire.

Antártida
El área que rodea al Polo Sur. Esta área incluye el continente que llamamos Antártida y las aguas que lo rodean. La mayor parte de la Antártida está cubierta de hielo.

Ártico
El área que rodea al Polo Norte. La mayor parte del Ártico es mar congelado. Sus extremos llegan a América del Norte, Europa y Asia.

bolsa de anidamiento
Pliegue de piel que tiene el pingüino y que le sirve para dar calor a los huevos y a los polluelos.

cadena alimentaria
Serie de organismos vivos que dependen unos de otros para alimentarse. Por ejemplo, el caribú come hierba, y los lobos se comen al caribú.

camuflaje
Coloración natural que ayuda a un animal a confundirse con su entorno para ocultarse.

círculo polar antártico
Línea imaginaria que en los mapas rodea a la Antártida.

círculo polar ártico
Línea imaginaria que en los mapas rodea al Ártico.

depredador
Animal que caza a otros animales para comérselos.

ecolocación
Método que tienen algunos animales para buscar comida u objetos bajo el agua. El animal emite un sonido que rebota contra los objetos y el eco regresa al animal.

grasa
Los mamíferos marinos tienen una capa de grasa que los protege del frío.

hielo marino
Agua de mar helada.

krill
Animal marino diminuto, parecido al camarón.

mamífero
Animal de sangre caliente que respira aire. Las hembras de los mamíferos producen leche con la que alimentan a sus crías.

manada
Grupo de mamíferos marinos, como las ballenas, que nadan y comen juntos.

migrar
Ir de un lugar a otro en busca de alimento, para tener crías o para huir del clima frío.

muda
Caída de las plumas viejas para que salgan las nuevas. Las crías de ave mudan su plumaje al hacerse adultas.

percebes
Pequeño crustáceo que se pega a las ballenas, las rocas y los cascos de los barcos.

polar
Cercano o relacionado con las áreas heladas que rodean el Polo Norte o el Polo Sur.

presa
Animal que es cazado y devorado por otro animal.

respiradero
Hoyo en el hielo, sobre el mar, por el que las focas salen a la superficie a respirar.

tundra
Área del Ártico llana y sin árboles cuyo suelo está permanentemente congelado.

Índice

Agradecimientos

Alamy Images: 67 cbr (Anthony Pierce), 39 bc (Arco Images/Wiede, U. & M.), 58 (blickwinkel/Maywald), 40 (blickwinkel/Peltomaeki), 13 b (david tipling), 10 bg, 11 bg (Fotofeeling/Westend61 GmbH), 64 b bg, 65 b bg (Francois Gohier/VWPics), 27 b, 80 (Heather Angel/Natural Visions), 1, 32 c fg, 33 c fg (Koji Kitagawa/SuperStock), 71 tr (Mark Dyball), 10 bc (Michael S. Nolan/age fotostock), 34, 35 (Photoshot), 41 main (Stefan Ernst/Picture Press), 13 t, 39 t, 39 c (Steven J. Kazlowski), 65 b (WaterFrame), 38 b (Wayne Lynch), 9 Arctic lemming (Wayne Lynch/All Canada Photos), 54 c bg, 55 c bg, 78, 79 (WorldFoto), 47 r (Zoonar GmbH); AP Images/Zoo Wuppertal: 29 ct; Corbis Images: 28 (Jenny E. Ross), 12 b bg, 13 b bg (Stefan Christmann); Dr. Jaume Forcada/British Antarctic Survey: 74 t; Dreamstime: 45 peregrine falcon (Brian Kushner), 44 ruddy turnstone (David Spates), 9 imperial shag, 45 bluethroat (Dmytro Pylypenko), 44 stonechat (Dule964), 44 Arctic skuas (Erectus), 44 whinchat (Florian Teodor Andronache), 44 sandhill crane (George Bailey), 44 Eurasian golden plover (Gerald Deboer), 44 greater white-fronted geese (Ginger Sanders), 8 polar bear, 9 polar bear (Glenn Nagel), 45 white-crowned sparrow (Glenn Price), 44 Swainson's thrush (Howard Cheek), back cover owl (Ianmaton), 8 Atlantic puffin (Isselee), 45 Baird's sandpiper (Janice Mccafferty), 9 king penguin chick (Jeremy Wee), 45 meadow pipit (Joan Egert), 67 ctl (Joanne Weston), 45 white-tailed eagle (Joshanon1), 33 ctfl (Lukas Blazek), 45 sanderling (Madd), back cover computer icon (Manaemedia), 44 semipalmated sandpiper, 44 snow goose, 45 green-winged teal (Michael Mill), 45 red-breasted merganser (Mikelane45), 9 wolverine, 33 cftr (Mirage3), 45 horned lark (Mircea Costina), 9 musk ox calf (Naturablichter), 44 glaucous-winged gull (Pnwnature), 66 ct (Sergiy Mashchenko), 8 caribou (Simone Winkler), 45 long-tailed duck (Steve Byland), 45 spotted sandpiper (Suebmtl), 45 northern pintail (Thomas Lozinski), 9 Canadian lynx kitten (Twildlife), cover seal, 8 harp seal pup (Vladimir Melnik), 8 emperor penguin, 55 t (Vladimir Seliverstov), 44 Arctic tern (Volkan Akgul), 44 red-throated diver, 45 semipalmated plover, 45 northern wheatear (Wkruck); Fotolia: 45 upland sandpiper (anotherlook), 17 bl penguins (axily), 66 cb (Christopher Meder), 43 t, 43 cr (drhfoto), 17 b bg (elnavegante), 16 polar bear (erectus), 54 br (Fabrice Beauchene), 16 bg sun (forplayday), 45 brambling (fotomaster), 48 bl (grondetphoto), 19 cl (hecke71), 16 penguin (javarman-), 48 cr (jbrandt), 19 c ice (Marius Graf), 70 t (Mikhail Perfilov), 48 tr (Nadezhda Bolotina), 17 Arctic fox (outdoorsman), 42 t (photo4emotion), 19 c icicles, 21 c icicles (Rumo), 67 ctr (Sebastian French), 20 b (Silver), 45 fox sparrow (Steve Byland), 51 bcr (Tatiana Volgutova), 18 c (visceralimage), 18 cr (Vladimir Melnik), 48 tl (withGod), 16 bg stars (Yuriy Mazur); Getty Images: 36 tc (Flip Nicklin/Minden Pictures), 22 tr inset, 56, 57 bg, 66 bfl (Paul Nicklen/National Geographic), 37 tl (Sue Flood), 9 wandering albatross (Visuals Unlimited, Inc./Joe McDonald), cover polar bears (Wayne R. Bilenduke); iStockphoto: 33 cbr (4kodiak), 2 bg, 3 bg (afhunta), 9 musk ox (Afonskaya), 66 br, 71 bl (Aifos), 23 cr inset (ailanlee), 49 br (Antagain), 12 t bg, 13 t bg (ArildHeitmann), 72 bc (Auke Holwerda), 70 bg, 71 bg (Avatar_023), cover bg, back cover bg (axily), 46 br (bjmc), 36 t bg, 37 t bg, 49 snowflakes, 68 t, 69 t bg (brainmaster), 43 br (ca2hill), 23 cl inset (cbarnesphotography), 43 bl (cliffwass), 54 bl, 70 cl (Coldimages), 66 bcl, 66 bcr (CostinT), 62 b (datmore), 70 bl (dawnn), 8 Arctic fox (DmitryND), 21 cl (dsischo), 29 cb (ekvals), 42 cr (ElementalImaging), 9 Adélie penguin (flammulated), 44 cliff swallow (Frank Leung), 19 c snow (Ganders), 16 bl inset (GentooMultimediaLimited), 2 b, 10 tr, 12 b, 18 cl, 27 tl, 73 bc (GlobalP), 76 bg, 77 bg (goinyk), 11 r (Grafissimo), 8 snow, 9 snow, 17 t bg, 26 br inset snow, 76 snow, 77 snow

(herpens), 71 br (hlansdown), 20 cl, 23 tl inset (HuntedDuck), 27 cbr (imagestock), 17 polar bear (JackF), 63 bl, 66 ctr (jandaly), 44 American pipit (jcrader), 57 br (JeffDSamuels71), 9 snowy owl (JensKlingebiel), 66 bg, 67 bg (jfybel), 26 bc, 29 b (JohnPitcher), 21 t penguins, 22 bc inset (jrphoto6), 46 bg, 47 bg (juhokuva), 17 b snow (Justin Horrocks), 29 c, 51 br, 57 tl (KeithSzafranski), 47 tl (kem528), 20 c (KingMatz1980), 20 t bg, 21 t bg (kkaplin), 42 t bg (Larissa Belova), 64 b, 65 cfl (Lazareva), 20 t penguin, 74 br, 75 b (lc66), 26 bl (LifesizeImages), 72 bl inset bg (LinnGreen), 21 c snow (loops7), 74 bl (Matt Naylor), 72 br (Matthew Dixon), 41 icicles (Merzavka), 4 inset (MichaelPrice), 8 ermine (mihailzhukov), 9 leopard seal (mike_matas), 44 black-throated diver, 46 t (MikeLane45), 4 t bg, 5 fg walrus, 5 t bg, 19 cr, 33 b (mikeuk), 9 chinstrap penguin (MOF), 10 bl (MogensTrolle), 22 t inset, 23 bl inset (MR1805), 42 cl (Ornitolog82), 65 t (oversnap), 70 br (pagadesign), 17 b Arctic tern (Pauline S Mills), 45 greater scaup (photofellow), 54 t bg, 55 t bg (plrphoto), 8 seal, 32 t (pum_eva), 73 bl (quavondo), cover penguin (RichLindie), 42 c bg, 43 c bg (roc8jas), 66 ctl (Rpsycho), 10 tl (RyersonClark), 19 b (samsem67), 71 tc (savas keskiner), 63 br (sethakan), 67 br (ShaneGross), 27 ctfr (shuchunke), 43 cl (sjulienphoto), 49 snowflakes (Spauln), 30, 31 (SylvieBouchard), 27 plates (t_kimura), 59 t (temis), 17 br penguin, 73 br (thp73), 70 cr (USO), 27 tr (VisualCommunications), 49 snowflakes (Vitalina Rybakova), 17 t Arctic tern (zakshaw), 12 t, 32 cl, 33 t (zanskar); Nature Picture Library/Fred Olivier: 55 bl; Planetary Visions Ltd.: 17 t globe, 19 globes, 21 globes; Robert Pitman: 64 t; Scholastic, Inc.: 59 b; Science Source: 33 cbl (Alexander Semenov), 21 cr (ANT Photo Library), 8 Arctic hare, 37 tr (Art Wolfe), 11 l, 65 cr, 69 cl, 69 br, 69 cr (British Antarctic Survey), 27 cbc, 32 bl, 48 br, 49 tl, 50 t, 50 bc, 51 t, 51 bl, 51 bcl, 57 bl (Bryan and Cherry Alexander), 67 cbl, 67 bc (Christian Darkin), 42 b (Christopher Swann), 8 black guillemot (Dr. P. Marazzi), 33 ctr (G. Carleton Ray), 47 bl (George Holton), 22 bl inset (Gregory G. Dimijian, M.D.), 18 b (Ignacio Yufera/FLPA), 18 t, 19 t bg (John Devries), 9 cape petrel, 45 long-tailed skua (John Shaw), 17 b globe (M-Sat Ltd), 45 American tree sparrow (Manuel Presti), 68 cl (Natural History Museum, London), 49 cl (Ron Sanford); Seapics.com: 66 t, 67 ctc; Shutterstock, Inc.: 20 b inset (3drenderings), 3 t, 9 south polar skua (AndreAnita), 27 ctfl, 36 tl, 67 bl (Andreas Meyer), 59 ct, 65 cfr (aquapix), 49 bl (bikeriderlondon), 65 krill (bluehand), 9 little auk, 21 b, 45 long-tailed skua, 55 br (BMJ), 16 globe, 43 globe (Bruce Rolff), 20 cr, 52, 53 (Dmytro Pylypenko), 5 b, 29 t, 39 bl, 39 br, 76 fg, 77 fg (Eric Isselee), 45 Lapland bunting (Erni), 37 cr (Evlakhov Valeriy), 44 pomarine skua (feathercollector), 33 ctc, 57 tr, 57 c (Gentoo Multimedia Limited), 45 common redpoll (Gerry Alvarez-Murphy), 22 frames, 23 frames, 50 bl (Iakov Filimonov), 27 ctr (Incredible Arctic), 37 b (Ivan Histand), 59 c (Jay Ondreicka), 26 br inset seal (Joe Stone), 59 cb (John Tunney), 22 tl inset, 67 tl (Joost van Uffelen), 9 snow petrel (jurra8), 46 bl (LittleMiss), 36 tr, 37 cl, 66 bc (Luna Vandoorne), 50 br (Marcel Jancovic), 65 cl, 69 t (Mariusz Potocki), 45 tundra swans (MCarter), cover killer whale (Mike Price), 75 t (Moritz Buchty), 24, 25, 60, 61 (NancyS), 22 bg, 23 bg (nikolae), 33 ctl (Peter Zijlstra), 72 bl inset (Rasulov), 67 cbr (Shane Gross), 68 bl, 68 cr, 68 br, 69 bl (Solodov Alexey), 8 least weasel (Stephan Morris), 10 br (Stephen Lavery), 38 bg, 39 bg (Tom Middleton), 26 t (VikOl), 27 ctl, 27 cbl (Vladimir Melnik), 2 t, 6, 7, 14, 15, 72 t, 73 t, 73 t bg (Volodymyr Goinyk), 26 bg, 27 bg, 32 c bg, 33 c bg (White Rabbit83); Superstock, Inc./NHPA: 67 tr; Thinkstock: 71 tl (MikaelEriksson), 45 rough-legged buzzard (RCKeller); Wikipedia: 54 bc (Didier Descouens/Museum of Toulouse), 23 br inset (Tasteofcrayons), 23 tr inset (Wooley Booley/Mike Beauregard).